如何培养受欢迎的孩子

康妮 著

浙江教育出版社·杭州

图书在版编目(CIP)数据

如何培养受欢迎的孩子/康妮著. -- 杭州：浙江教育出版社，2021.6
（教养升级）
ISBN 978-7-5722-1586-5

Ⅰ.①如… Ⅱ.①康… Ⅲ.①儿童教育—家庭教育 Ⅳ.①G78

中国版本图书馆CIP数据核字（2021）第059793号

感谢我的父母,还有

Clay&Christine

教我如何做母亲

序

那些受欢迎的孩子，是怎么培养出来的

一个人的受欢迎度不是天生的，
而是可以通过后天学习和训练获得的。

一个孩子受欢迎有多重要？先来分享一下我的经历吧！

哈佛大学每年都会通过面试录取高中毕业生，面试官一般都是哈佛校友。作为校友，从2009年开始，我每年都会花时间承担这个义务。

你可能会好奇，世界顶尖学府面试挑人，到底都看什么？其实没那么复杂。哈佛面试官衡量学生的标准只有三个：学习成绩、课外活动和Character。Character这个词对应的汉语有点复杂，它包含人格、品性、价值观、性格等。

在Character这一项里，面试官要就"这个学生是不是一个容易相处的室友"这个题目给每一个面试的学生打分。所以，哈佛挑学生，不光看学习成绩，还考察一个人能不能跟别人融洽相处。

这条选人标准在我的经历中也得到了印证。我从小在国内长大，身边环绕的都是学霸。现在人到中年，再回过头来看当年的同学，发现最成功的不是学习最拔尖的，而是最善于和别人相处的。

在本书的主题开始之前，我先做个简单的自我介绍。我叫康妮，从哈佛商学院毕业以后，已经在美国生活了20年。我在美国的大型企业、创业公司和投资基金都做过高管，后来又创建了自己的咨询公司。

在20多年的职场生涯中，我和很多政府高层领导、大公司的CEO、基金合伙人都打过交道。职场经验告诉我，不论在中国还是在美国，大家眼中的成功人士，其实都是善于沟通的社交高手，拥有优质的可调动的社会关系。

在美国，我不论是找工作、谈合作，还是找投资，都会第一时间想想，有没有可以求助的哈佛校友。我自己也常常接到校友的求助。强大的校友人脉体系，恰恰是哈佛商学院的竞争力所在。而这种人脉网络的搭建，在哈佛商学院的体系中无处不在。上学的时候有学习小组、兴趣俱乐部，毕业后有向校友开放的庞大数据库。大家也经常做服务校友的志愿工作，互相支持，而且每5年都有一个返校聚会，对我们来说就像过节一样。

这些年，我也开始给成年人开设人脉课。接触大量案例后，我发现，很多人总是羡慕别人人脉广，自己却无从改变。其实，我越来越觉得，人脉固然是成年以后的事，但一个人想成为一个受欢迎的人，这事得从小开始练习。

我有两个儿子，既然从哈佛商学院学了这套人脉搭建法，我干脆就把这套办法用在了自己家儿子身上。当然，我不是像教授在课堂上那么教，而是把学校里学的这套办法，转化成家庭游戏，从小培养他们的社交能力。你别说，还真管用。我的两个孩子，哥哥和弟弟互相友爱，他们在学校里也很自信，有同理心，有很多朋友。

现在，很多家长非常重视孩子的教育，在提高孩子学习成绩和鼓励他们参加课外兴趣班上不遗余力，投入巨大。但孩子社交能力的培养却没有得到应有的重视，这点让我觉得非常可惜。事实上，有不少学霸型的孩子，到了大学或进入职场后，因为不懂团队合作、不会跟人打交道而被同学、同事孤立，严重的还会引发一些心理问题。

我认为，比起成年后再针对社交问题纠偏，不如在一个人的童年时期就把他培养成一个受欢迎的人。

现实问题是，如今的80后、90后已经开始当家长了，他们很可能自己就是独生子女，从小就缺兄弟姊妹的陪伴和竞争。住在城市的单元楼里，一起玩的孩子也不多，长辈又过分关怀，社交能力往往是"缺失的一环"。当了父母，怎么教孩子社交，他们也有点抓瞎。比如，常有人问我："都说性格是天生的，我本身性格内向，孩子也这样，怎么推都推不动，后天还能改进吗？"

答案是肯定的。性格内向的孩子并不是不喜欢跟周围的人互动，只不过面对外界刺激，他们比外向的孩子更谨慎，社交中的"反射弧"更长。而这其实也是他们自己的社交优势，这样的孩子也因此常给人踏实、靠谱的印象。

一个人的受欢迎度不是天生的,而是可以通过后天学习和训练获得的。你需要用符合孩子个性的方式,尝试跟孩子一起改变,不断激发他的社交主动性。在接下来的内容里,我会教给你一些具体的方法。

在本书中,我会把多年积累的如何把孩子培养成一个受欢迎的人的经验和实践,全盘托出,分享给你。

这里说的受欢迎,不是指因为形象出众或学习成绩好,而在学校或社会中受到优待;也不是指缩手缩脚,每说一句话都要看别人反应的"讨好型"。受欢迎是指,在人格独立的基础上,真诚、自信、得体地与人交往,并因此受到周围人的喜爱,得到他们的肯定和赞赏。

一个受欢迎的孩子,内在方面具有稳定、正向的自我评价系统,知道自己是谁,知道自己的优势、短板在哪里，不会为了迎合外界或讨好他人而委屈自己。最终表现出来的外在行为，就是懂得在不同场合大方得体地展现自己，在社交活动中既自信又谦逊，具有稳定、持续的人格魅力。

一个受欢迎的孩子，无论到什么环境里都容易交到朋友，这些朋友中有孩子，也有大人。大家都喜欢和他一起玩，喜欢和他说话，遇到问题时也会第一时间问问他的意见或者请他帮忙。这对他们成年后积累社会人脉资源有直接影响。

一个受欢迎的孩子，在生理和心理上都更健康。他们自信、阳光、擅长沟通、同理心强，又喜欢帮助别人，看待世界也更加正面，有着更多的正能量。他们像发光体一样，吸引着别人。而且，受欢迎的孩子长大做了父母以后，很有可能会把这种潜质言传身教给自己的孩子。

要培养孩子受欢迎的能力，总的原则是"由内到外、由近及远"。

"由内到外"是说家长应该从培养孩子内在的独立人格做起,激发孩子的内在主动性,帮助他们完全打开自己。既能和同龄人友好相处,也能赢得身边大人的真心喜爱。

"由近及远"则是指,先在家庭内部创造平等沟通、爱和信任的氛围。跟家人建立良好互动后,再逐渐扩大社交半径,教给孩子和周围人进行一对一沟通的方法,培养孩子与陌生人得体交流的能力,实现从家人到陌生人的融洽沟通。

基于这个原则,我会在这本书中,分7章教给你一些具体的方法,帮助你从内在方面培养孩子的独立人格,从外在方面解决他们和家里人、周围人以及陌生人交往中的实际问题,变成真正受欢迎的孩子。

01章,我会谈谈受欢迎的内在根基——人格独立。教你用优势游戏、理性反馈和15秒积极转念三个方法,构建孩子内在的支持系统。

02 章，分别针对内向型和外向型的孩子，我会教你用传球游戏、赞美游戏和邀请小伙伴到家里玩的方法，激发他们内在的社交主动性，建立得体社交的分寸感。

03 章，我会告诉你帮助孩子打开自我的三种场景，让孩子更好地融入陌生环境。

04 章，我会告诉你如何教孩子与同龄人融洽相处。

05 章，我会教你一些话术和训练方法，帮助孩子提高跟家里人、周围人以及陌生人平等、深入对话的能力，在获得成年人喜爱的同时，保护好自己。

06 章，结合男孩和女孩不同的特质和需要，我会教你如何培养受欢迎的男孩和女孩。

07 章，我会教你如何从小培养孩子的感恩之心。

孩子就像一张白纸，父母在他们身上画出的最初印记，会深深影响他们的一生。你的学习，将促成他们的改变。

　　培养孩子的独立人格,才能给受欢迎打下牢固的根基。接下来我们就从这里开始。

目录

01 人格独立才不会在人际交往中迷失

受欢迎的孩子什么样 ·002
培养独立人格的方法 ·005

02 帮助孩子掌握社交主动性的三个方法

触发内向孩子的社交主动性 ·016
设定外向孩子的社交边界 ·019
掌握社交主动权的三个方法 ·020

03 帮助孩子打开自我的三种场景

由近及远帮孩子融入陌生环境 ·030
帮孩子更好地打开自我 ·032

04 跟同龄人交朋友：建立友谊，化解冲突

怎么做爱分享的主人 ·049
怎么当受欢迎的客人 ·052
孩子与同龄人发生冲突怎么办 ·054

05 跟成年人交朋友：有效沟通的三件事

在家练习好好说话 · 067
倾听和向大人发问的三个技巧 · 069
教孩子对陌生人保持合理的戒心 · 073

06 如何培养受欢迎的男孩和女孩

如何培养受欢迎的男孩 · 079
如何培养受欢迎的女孩 · 085

07 培养懂得感恩的孩子

培养感恩之心 · 090
教会表达感谢的方法 · 092
把感恩落到行动上 · 095

01

人格独立才不会在
人际交往中迷失

人格独立是受欢迎的前提。

我要帮你树立一个观点：人格独立是受欢迎的前提。

在这一章，我会重点告诉你怎么在人格独立的基础上，用三个办法培养孩子的受欢迎能力。这三个办法分别是：优势游戏法、理性反馈法和15秒积极转念法。

✕ 受欢迎的孩子什么样

如果你的孩子上过或者正在上幼儿园，你可以回想或观察一下，是不是每个幼儿园都有这样两种孩子：一种孩子比较强势，喜欢发号施令，在班里说一不二；另一种孩子，每说一句话都要看看别人的反应，他们希望别人喜欢自己，不喜欢和任何人发生冲突。这两种孩子看上去人缘都很好，但这不是我要说的真正受欢迎的孩子。

前一种孩子，长大后可能因为强势的性格和霸道的作风，变得并不讨人喜欢；而后一种孩子长大后，很可能会成为别人眼中的老好人，一味迎合别人，最终会失去自己。

那什么样的孩子才是真正受欢迎的孩子呢？我来讲述一个我自己的亲身经历。

记得我刚进哈佛商学院时，前三周是基础课，班级和各种课程都是随机安排的，这就给了大家一个互相认识的好机会。跟不同国籍、背景的同学交流，我最大的感受是，真正受欢迎的人，在人际交往中体现出的真诚、自信，不是以外界反馈、别人评价为基础的，而是源于骨子里对自己的优势和短板的清楚认知。这种特质其实就是人格独立。

人格独立是受欢迎的基础。只有当一个人实现了人格独立，他的自信才能内化成一种个人魅力，不会随着外部环境和评价的变化而变化。缺乏独立人格，也正是霸王型或讨好型孩子长大以后不能持续受欢迎的真正原因。

拥有独立人格，要具备三个要素：自我认知能力、接受反馈的能力和抵抗挫折的能力。

自我认知能力是指能够清楚地知道自己是谁，并对自己兴趣和能力的边界有清晰的认知。

有了自我认知，还要有接受反馈的能力。是反馈就有正面和负面，正确看待这些反馈，尤其是负面反馈，是独立人格的重要表现。如果一被夸奖就高兴，一被否定就不开心，这样的孩子长大后，很容易成为以自我为中心的"霸王型"，或是完全没有主见的"讨好型"。

除了拥有自我认知和理性接受反馈的能力，抵抗挫折的能力也必不可少，它是独立人格形成的重要保障。具备抗挫能力是指孩子在遇到挫折的时候，能正视困难，不轻易否定自己，可以像不倒翁一样，跌倒了再爬起来。

✕ 培养独立人格的方法

针对这三个要素，我分享给你培养孩子独立人格的三个方法。

方法一：用优势游戏，帮助孩子发现和运用自己的优势。

家长的认知和孩子的优势之间是有偏差的。有时你觉得孩子喜欢唱歌跳舞，其实他们只是想要讨好你。你认为孩子弹琴有天赋，他们只是把弹琴看作为了通过考级而不得不完成的任务。

所以，我给你的建议是，与其一厢情愿地帮孩子培养兴趣和开发潜力，不如用游戏的方式鼓励孩子去发现、确认自己的优势，并从中获得乐趣。

推荐两个简单的小游戏：优势链和成就箱。

先来说说优势链。

在孩子会写字之后,你可以让孩子把自己的优势写在彩色的纸条上,再把纸条粘成一个圈,然后把所有的优势一个套一个地串起来,做成孩子的"优势链",长度可以是戴在手腕上的"手链",也可以是挂在脖子上的"项链"。优势链越长,越能玩出更多的花样。除了在纸条上写字,还可以画画、涂色等。

这个游戏隔一段时间(比如每一两个月)就可以做一次。每制作一条优势链,就可以和之前做的比较一下,看看新增了哪些优势。最后你可以把这些优势链放在一起,孩子就能通过链条的长短、花样等,看到自己在不同阶段的成长。

孩子写下自己的优势时,你可以在旁边引导,"会画画……嗯,没错,你上次画的那条美人鱼真的很漂亮""吃饭很快……为什么你觉得吃饭快是个优势呢?说来听听吧……"像这样,一边念出孩子写下的优势,一边跟他讨论、回忆具体细节,你会逐渐发现孩子真正的兴趣和潜力在哪里。

这个游戏的过程,不但帮孩子认识到了自己的优势,还帮助他表达、确认了自己的优势。这个游戏从孩子能清晰地表达自己的想法,并且能用简单的图画来表达意思时就可以开始做。比如他想说自己吃饭快,可是不会写字,就可以画个碗、筷子等来表达意思。如果孩子上了小学,可以写字了,那这个游戏就可以由孩子自己完成,家长再陪着聊聊孩子自己的观察就好了。

再来说说成就箱。

从读小学起,我就让两个孩子做了自己的成就箱,拿普通的装纸巾的盒子就可以。他们可以把学习、生活中取得的任何成绩或进步,都写成纸条放进去。比如,"我在学校帮助小朋友找到教室""我记得收拾自己的碗筷""我今天问了老师一个不懂的问题"等,都可以成为小纸条的内容。

等到成就箱被装满时,我会跟孩子一起,先

把纸条掏出来,大声读出上面的字,然后跟孩子一起回忆纸条上发生的事情,再把纸条分类。比如,帮助别人的放一堆,学习进步的放一堆。这样就很容易看出哪些事情做得比较好,哪些还有待加强。

慢慢地,你就会发现,这些看起来小小的"成就纸条",推动着孩子不断进步和提高。随着成就箱一点点被填满,孩子的自信会一点点增长,对随时随地发挥优势也会更加乐此不疲。

方法二:教会孩子理性看待他人的反馈。

主要有两方面,一是如何面对正面反馈,二是如何面对负面反馈。

听到别人夸奖自己时,咱们中国人往往会谦虚一下:"哪里哪里,我还差得远呢。"可是,这样的教育方式,不利于孩子培养自己的自信,也不真诚。

怎样教孩子面对别人的称赞呢?我的做法是,鼓励孩子在听到夸奖时,除了说"谢谢",还要尽量多说一些细节。比如："谢谢，我真的很努力！""谢谢，这次比赛我真的很重视，每天都练习，得到了好结果，我也很高兴。"

这样的回答，既显示出孩子的自信，也能引发孩子继续思考——对方这么说是出于礼貌，还是真的觉得自己做得好。

同样的道理，当孩子听到来自他人的负面、消极的反馈时，你也要注意引导他们回忆当时的场景，思考为什么会有这样的评价，然后跟孩子讨论。不要盲目地维护或教育孩子。

当孩子还原出整个过程，得出了自己的结论时，你再顺着他的思路告诉孩子，不要因为别人说了自己不好的地方，就否定自己。用学习的心态问问自己：别人为什么会这样说？如果是自己真正的错误或者缺点，那就需要改正；如果是别人出于误解、妒忌，或只是因为情绪不好脱口而出的话，就不用放在心上。

作为家长，如果自己接收到负面反馈，也可以给孩子做出榜样，和孩子（最好是小学三四年级以上，理解力比较强以后）一起分析事情的来龙去脉，告诉孩子自己是如何理解这个反馈的，又是如何克服负面的情绪、从错误中吸取教训、把批评负能量转化为成长正能量的。

家长是孩子最好的老师，家长和孩子一起，从理性分析的角度出发，认真客观地对待自己的优势和缺点，任何负面的经历都可以转化成正面积极的学习过程，孩子也会更加自信。

方法三：帮助孩子提高抵抗挫折的能力。

学会了优势游戏和理性看待反馈，你还可以用另外两种方法——15秒积极转念法和"扭屁股"法，来提高孩子抵抗挫折的能力，并改变孩子的负面情绪。

孩子在家或者学校难免会遇到困难和挫折，有可能是同学的孤立、学习上的难题，也可能是遭遇失败和恐惧。我来告诉你15秒积极转念法怎么做。

这个方法可以分成三步：

第一步，当孩子经历负面情绪时，我会鼓励他一边深呼吸，一边在心里默默数15秒，利用这段时间来让自己冷静降温。

第二步，再用15秒，尽情地把负面情绪表达出来，比如，"我不喜欢某某，他让我难堪""弟弟真讨厌，他烦死了""数学作业太难了，让我心烦"。

第三步，我会引导孩子在头脑中想象一个他喜欢的画面，可以是阳光、海水、沙滩，或者全家一起骑自行车、玩游戏等。

如果孩子不愿意配合，可能会说："我还在生气，根本想不出什么美好的事情！"所以，你要注意，做这个练习，平时就需要有意识地引导孩子去积累一些美好的记忆。比如，我家老大常说，小时候有一次我们在餐馆的尽情逗笑，是他最美好的记忆。后来，在他生气或者沮丧要转念的时候，我就提醒他赶快在脑子里换频道，播放这个美好的记忆画面。

这个过程刚开始会有点难，但我不断坚持帮他回忆当时的一些画面场景。慢慢地，他就会平静下来，最后顺利地从坏情绪中抽离出来。

另一个方法，是"扭屁股"法。美国励志演说家、人生教练托尼·罗宾斯（Tony Robbins）说："动态创造情绪。"人的情绪会随着身体动态的改变而改变。如果孩子处在消极负面的情绪当中，家长可以带着孩子一起扭屁股跳舞。通过身体的扭动，人的大脑里令人兴奋的睾酮水平会上升，而"压力荷尔蒙"皮质醇水平会下降，从而使人的情绪变好。

家长可以在孩子平时情绪好的时候告诉他这个掌控自己情绪的秘密，并可以和孩子一起积极练习跳舞，或做扭动屁股等动作。

当孩子把这项活动当成和父母一起玩的有趣

的游戏时，往往都愿意配合，孩子会体会到身体的扭动给自己情绪上带来的变化。等孩子遇到不顺心或者烦恼的事情时，父母就可以提醒孩子："来，咱们一起扭扭屁股、跳跳舞，看看是不是会开心点？"

通过上面的内容，你知道了孩子的独立人格是受欢迎的基础，如果没有独立人格，孩子长大后会很容易迷失自己、不再受欢迎。随后，你又收获了培养独立人格的三个方法。

下一章，我会分别针对内向孩子和外向孩子，告诉你如何触发他们的社交主动性，并让他们把握好得体社交的度。

02

帮助孩子掌握社交主动性的三个方法

性格内向的孩子也有自己的社交优势。

✕ 触发内向孩子的社交主动性

可能大多数人都认为，性格内向的孩子因为缺乏主动性，在社交上会存在很大问题。所以，我先告诉你，对于内向的孩子，应该怎么去触发他的社交主动性。

可能你自己是内向的人，不大喜欢主动和别人交往，但是又希望孩子和自己不一样，可以更加开朗、外向。也可能你自己比较外向，怎么也搞不懂家里为啥会有一个这么内向的孩子。别担心，首先我想告诉你的是，性格内向的孩子也有自己独特的社交优势。

哈佛大学神经学家兰迪·巴克纳（Randy Buckner）研究发现：内向的人脑前额叶皮质里面

的灰色物质更大、更厚,而这个区域是与抽象思维和做决定相关的,所以内向的人一般会坐在角落里将事情思考周全以后才做决定。而外向的人正好相反,他们更活在当下,经常会在还没完全思考清楚的情况下就去冒险。

也就是说,内向的孩子并不是不喜欢跟周围的人互动。只不过面对外界刺激,他们比外向的孩子更稳重、谨慎,社交中的"反射弧"更长。这是一件坏事吗?当然不是。

很多专家学者在内向的人有自己的优势上已经达成了共识,那就是:性格内向的人和他人的工作关系更融洽、友谊更长久,与人交往时注意力更加集中,也更有责任感和创造力。

性格内向的孩子也有自己的社交优势,关键看你能否找到合适的方式去激发。下面我就具体来说说,如果孩子性格内向,你应该怎么做。

通过言传身教给孩子做榜样,把你参加社交

活动的过程自然而然地展示给他们看，让孩子在学习和模仿中慢慢变得开朗。

如果你觉得自己也不擅长主动社交，我教你一个方法，把社交活动纳入家庭待办事项清单。比如定期邀请朋友全家一起吃饭或郊游，或者和三五好友一起出去玩。让主动社交从可做可不做的事，变成每隔一两周必须去做的事，赋予它一些规律性和仪式感。就像逛街、看电影一样，让它成为家庭日常活动的一部分。

内向的孩子大都比较敏感，带孩子参加社交活动时，一定要让他们有安全感，让孩子知道两点：一是你就在身边，有任何问题或困难可以随时向你求助；二是如果他感觉不舒服，可以提前退场或者到一个安静的角落做自己喜欢的事。

总之，触发内向孩子的社交主动性应该从家庭内部做起，从家长的影响和鼓励开始，之后再邀请周围的人参与，帮孩子慢慢打开社交圈。

※ 设定外向孩子的社交边界

知道了怎么触发内向孩子的社交主动性，接着我们来说说外向型的孩子。

外向的孩子热情、健谈、精力旺盛，他们本身需要从与他人的交往中获得能量和满足感，这样的孩子也容易获得家长和社会环境的认同。

但是不是他们在社交上就没有问题了呢？当然不是。外向孩子很容易以自我为中心，过分关注自我表现，有时会"人来疯"，有时会让人感到热情过度，甚至会惹人反感。

外向孩子的家长要注意两点。

第一，在家立规矩。孩子基本的礼貌和礼仪一定要在家从小培养。

第二，出门划界限。跟孩子约定，注意观察所处环境和周围人的表现，关注别人的感受。一旦孩子有热情过度或反应过激的言行，家长有权利立刻制止他们，甚至是带他们离开现场。

※ 掌握社交主动权的三个方法

下面我要教给你三个方法，你可以平常和孩子一起练习，帮助孩子掌握社交主动权，并且做到得体社交。不管是内向还是外向的孩子，这些方法都很管用。

方法一：通过传球游戏练习深入对话。

慢热型的内向孩子如何不冷场，自来熟的外向孩子如何不夸夸其谈招人烦，传球游戏就是一个很好的解决方法，同时还能训练孩子深入对话的能力。这个游戏从小学一年级就可以试着做起来。

我平时在家里是这么跟孩子玩的——

我们一般面对面站着，相隔两米左右。我手里拿着一个网球，先提一个问题，比如"你喜欢《哈利·波特》吗？"然后把球扔给他。如果孩子只是简单地回答"喜欢",那么球就只能停在他手里,不能再传给我。但是如果他说:"喜欢,因为这本书很有趣,我喜欢哈利·波特和伏地魔斗争的故事。"那么他就可以把球再传给我。

通过上面的例子,想必你也发现了,这个游戏的核心在于,一方提出问题,另一方的回答必须深入、具体,给提问者一些新的由头提出更多问题,让谈话可以继续下去,让球能来回传递。缺乏内容的对话,或者不着边际的闲聊都不能把球传递下去。

这个游戏一共有四个要点。

第一,小孩子一般很快就能掌握游戏规则,但刚开始玩的时候,也容易卡壳,不知道该怎么接话,这时你要注意启发他。

比如,还是上面的场景,我接着问:"你最喜欢书中哪些人物?"孩子回答:"哈利·波特和赫敏。"这时我会说:"这样的话,我就没法问出下一个问题,球又不能传给我啦……说说你为什么喜欢哈利·波特和赫敏吧！"孩子就会认真想想，然后回答："我喜欢哈利·波特，因为他很勇敢。我喜欢赫敏，因为她聪明机智又漂亮。那么，你最喜欢谁呢？"看，这样不仅回答中有详细具体的内容，而且还能对家长提出问题，让对话进行下去，这样的回答就很赞了。

第二，你要使用一些话术，不断鼓励孩子把对话进行下去。

比如，"真棒，我喜欢你的回答""这真是一个好的开始，这个话题真有意思""太好了，我们进行了10分钟的传球游戏了，都没停过"，等等。

第三，你可以进一步鼓励孩子开启新的话题。

比如，"妈妈，你今天过得开心吗？""爸爸，为什么我们很久都没去动物园了？"通过这样的一问一答，一家人交换对过去发生的事和未来家庭计划的看法，很有点儿"真心话大冒险"的意思，非常有趣。

第四，你要寻找恰当的时机，让孩子明白传球游戏在生活中的意义。

等到孩子比较熟练地掌握了传球游戏后，我会在他们状态不错的时候，提起以前和朋友或其他成年人发生过的对话场景。比如有一次我跟老大说："记得今天下午张阿姨邀请你去她家和她儿子小明玩，在吃饭的时候，她问你玩得开心不开心吗？她是想跟你开始一个对话，但你只是说'开心'，你觉得这样的'球'能扔回给她吗？"这样，孩子就明白我的意思了，"球"，也就是话题，停在了他的手中，游戏就没法进行下去了。然后我们就开始讨论他应该怎么回答，才能把"球"再传出去。

方法二：利用赞美游戏来寻找他人的亮点。

内向的孩子观察能力强、善于分析，我们不妨利用这个优势，让孩子主动寻找他人的亮点并加以赞美。

外向的孩子容易更多地关注自己,这个游戏可以让他们学习观察别人、关注别人,并学会赞美他人。

这个游戏可以作为家庭会议中的一个常规环节,每周都可以练习。

我们家一般是在周末的晚餐后做这个游戏。到了吃甜点的时间,全家坐在餐桌前,每个人都要说出挨着你的下一位在这一周内做的值得表扬的事情。

比如从我的小儿子亚当开始,他要告诉大家他从哥哥亚力身上发现的亮点,他说:"哥哥在听说我要做手术的时候,很关心我,跑过来安慰我,说可怜的亚当,不要害怕,我们都会一直陪在你身边。"

哥哥听了很高兴,拍了拍亚当的肩膀,然后看了看坐在旁边的我,说:"妈妈很善于启发别人,她的学生这周跟她说因为上了妈妈的课,改变了自己的生活。"

我说:"亚力,原来妈妈和爸爸说话的时候,你都注意听了,谢谢你赞美我。这周我注意到爸爸每天晚上都给我们打电话,我觉得他出差那么辛苦,还想着每天和你们睡前聊天,值得表扬。"

轮到我先生了,他看着亚当说:"亚当上一周承诺他会收拾玩具房,这周他果然做得不错。承诺过的事情就负责做好,赞一个。"

很显然,这样的赞美游戏除了能鼓励孩子发现家人身上的优点外,还能让家庭气氛更融洽、更活跃。

其实,除了关注家庭成员,你还可以让孩子注意观察周围人或者同学的优点。

我有时会在孩子吃完早餐上学之前,给他们留一个挑战作业。要求他们当天去观察别人做得好的地方,并真诚地赞美一个同学或者老师。这种游戏似的挑战,孩子们很喜欢。

因为经常赞美别人,他们也时常会得到他人

的正面回应。回家后,他们还会兴高采烈地汇报给我听,说自己是如何完成挑战的。

所以,赞美他人的训练除了让孩子学会关注他人的优势、见贤思齐外,还让他们具备了一个社交优势——赢得别人的好感。任何人都希望自己被关注。善意地关注他人,就会赢得对方的好感。

方法三:利用邀请其他孩子来家里玩的方式练习社交。

邀请其他孩子来自己家里,能占据主场优势,内向的孩子会更主动、积极,外向的孩子也不容易失礼。

内向的孩子更善于一对一交往,你可以每一周或每两周让孩子约一个要好的小朋友到家里来玩。外向的孩子可以同时邀请几个小朋友来玩。

由于是在自己家,内向孩子对环境更熟悉,会更积极、放松,外向孩子则会把注意力放在跟别的小朋友的互动上,而不会因为对环境好奇、兴奋而上蹿下跳。

你可以跟孩子一起提前准备好要玩的游戏，比如一般男孩子喜欢枪战、搭乐高，或者到户外玩球；女孩子喜欢玩过家家、做手工、画画等。

小主人要为客人提供几个不同的选项，充分的准备会让内向的孩子觉得更踏实，也能从对活动的掌控中获得更多的乐趣和自信。对外向孩子来说，准备好要玩的游戏，也能提前给他们建立规则和边界意识，防止游戏过程中注意力不集中或者举止不合适。

在玩的过程中，家长最好不要干预孩子之间的游戏。因为孩子是主人，他需要对如何跟客人互动、如何照顾好客人负起责任。哪怕最终结果是他们各玩各的，你也不必担心。等到活动结束后，送走了客人，你再跟孩子做个"采访"，让他讲一讲今天为什么玩得很开心或者不太开心，下一次打算邀请什么样的小伙伴。你还可以跟孩子讨论小客人身上有哪些亮点或特长，有什么可以学习的地方。

需要提醒你的是，内向的孩子容易在与人交往中感到刺激过度，需要通过独处来恢复精力，所以每次游戏持续的时间不要太长，通常一个小时之内比较好。社交活动也不要安排得太频繁，最多一周一次。让孩子有足够的时间在家里休息，给自己充电。而外向的孩子，你要特别注意他们是否能够尽到地主之谊，关注和照顾到小客人的需要。

以上内容就是内向、外向孩子在社交习惯上的区别，以及触发孩子社交主动性和得体社交的三个方法。在下一章，我会教你如何帮助孩子打开自我。

03

帮助孩子打开自我的三种场景

问题不在于孩子的天性怎样，
而在于他们能不能有意识地
调整自己去适应环境。

※ 由近及远帮孩子融入陌生环境

不知道你有没有这样的发现：带孩子参加一些社交活动，有的孩子比较紧张，常常躲在角落或是大人身后，对周围事物反应冷淡；有的孩子比较兴奋，要么叽叽喳喳说个没完，要么干脆直接闯进别人的游戏中，不顾他人的感受。

成年人的社交讲究第一印象，对孩子来说也是一样。太安静腼腆的孩子，不易有存在感；太活泼闹腾的孩子，显得不懂规矩、没有分寸感。不论哪种情况，都难以被其他人接纳，更别说受欢迎了。

也许你会说，孩子的性格就是如此，我也没办法啊。那你就错了，问题不在于孩子的天性怎样，而在于他们在参与社交活动时，有没有打开自我，能不能有意识地调整自己去适应环境。

也就是说，不论他们表现出来的是冷淡还是热情，如果只是凭着本能或直觉，下意识地对周围环境做出反应，那么，他们内在的自我就始终是封闭的，外在的表现也会跟周围环境格格不入。

想让孩子更好地融入陌生环境，可以遵照由近及远的原则，从三个方面循序渐进地加以改进。

一是在家庭内部给孩子安全感。帮他们放下戒备心，保持好奇心和自信。

二是培养孩子对周围人的同理心。懂得换位思考的孩子，更容易根据周围人的反应，及时矫正自己的言行。

三是在陌生的环境下，教会孩子在社交活动中主动介绍自己，以寻找和陌生人的共同点。

✕ 帮孩子更好地打开自我

针对这三个方面,我要推荐三种场景,帮助孩子在社交活动中更好地打开自我。

1.家庭内部:定期召开家庭会议。

作为成年人,你可能挺不爱开会的。但如果把这种有仪式感的活动引入家庭,还是很有魔力的。

好奇是孩子的天性,只不过到了不太熟悉的环境中,他们会因为紧张或者恐惧,而缩回自己的世界里。为了帮助孩子消除压力,尽快放松下来,你跟孩子之间,是否能建立有深度、充满信任的沟通关系,就显得非常重要了。

当你的陪伴能让孩子感觉安心,当孩子愿意把自己的尴尬窘迫一五一十地说给你听时,你的安慰和鼓励才会有效果。

为此,我建议定期召开家庭会议,最好是每周一次,并且以后的会议也固定在每周的同一天,让孩子知道这是对所有家庭成员都很重要的活动。一家人围在一起，开心地分享故事、玩游戏、吃东西的温暖氛围，更容易让孩子打开内心，建立充满爱和信任的沟通关系。

家庭会议每次都要有一个讨论的议题，比如礼貌、尊重、感恩、友情、家庭预算等。话题的选择由包括孩子在内的全家人轮流负责。其他的家庭成员可以有的负责准备游戏项目，比如大富豪桌游或者折飞机比赛等，有的负责准备小吃，比如冰激凌、小饼干等。孩子们都会是积极的参与者，对自己负责的项目绞尽脑汁、尽心尽力。

讨论时，可以围绕所选话题，分享上一周每个人遇到的有趣或者糟糕的事情。孩子四五岁时，可以主要让他负责准备食物，六七岁时负责安排游戏，八岁左右就可以负责话题的准备了。

为什么每周的家庭会议要固定在同一天呢？因为我们的生活都需要一些仪式感，特定的时间、特别的互动能让孩子知道这是一个对全家都很重要的活动，即使将来孩子长大了，不记得每次家庭会议的具体内容，但是那种全家人围在一起，开心地分享、做游戏、吃东西的温暖记忆也会永远保留在他们的心里。

分享时要注意两点：一是平等的姿态；二是自然的语气。

什么是平等的姿态呢？比如，告诉孩子你工作上的一些事情、家庭收支计划等，让他们知道自己是重要的家庭成员之一，你尊重他们的意见和建议，你对他们是开诚布公、没有秘密的。

你也可以主动分享自己的糗事，并发起讨论。比如告诉孩子："昨天跟一个客户谈判，我紧张得手心全是汗。谁能告诉我，应该怎么办？"让孩子看到你不回避问题、主动寻求理解和帮助的态度。同时，让孩子明白家庭是完全可以信赖的地方，遇到困难，要先分享，再分担。

你的神态越自然，语气越轻松，孩子就越能

感受到主动提出并讨论问题,是不会遭受批评打击的,反而还会受到赞许和鼓励。这样,当孩子日后遇到类似的困境,也会很自然地跟你分享、商量,而不是把糗事或秘密藏在心里,害怕受到惩罚,或者觉得难为情。

2.学会互动:分析故事人物的心理。

除了定期举行家庭会议,还可以分析故事人物的心理,培养孩子的同理心。

相信在很多家庭,亲子阅读、睡前故事已经成为家长跟孩子进行日常沟通的一种必不可少的方式。一些经典的绘本或故事,蕴含着人际关系和价值取向的道理,是很好的社交启蒙工具。

比如,《绿野仙踪》就是一个关于成长和友谊的故事,故事温暖又充满想象力。在跟孩子一起读这个故事的时候,你可以和孩子分析稻草人、铁皮人、狮子等角色的心理活动和性格特点,引导孩子说出人和人之间的差异、相互沟通的重要性,提出克服困难、战胜恐惧的方法等。

需要提醒你两点：

第一，给孩子挑选故事时要有针对性，要针对孩子目前可能存在的问题，选择有启发性的内容。你可以用故事里的人物、场景，启发孩子换位思考。比如，这样做为什么不对，这个角色为什么不受欢迎，有没有更好的解决办法，等等。

第二，在讲故事的时候不要过多点评，也不要每次都把话题拉回到当下的场景，让孩子觉得你是在借讲故事之名给他讲道理。时间长了他们会感到扫兴，甚至产生逆反情绪。

教育是潜移默化的，我们要做孩子成长路上的拉拉队长，而不是裁判。对孩子多一点耐心，让他们自己从故事中发现问题，主动跟你讨论，这样他们才能由内而外地持久转变。

在生活当中，你也应该多鼓励孩子和你分享他们在幼儿园、学校或者社区的所见、所闻、所感，多听听他们的想法和看法，即使幼稚、天真、片面，但是这种即时的、长期的和孩子在一起分享、沟通的场景，会帮助他们在学会敞开内心的同时，锻炼思辨能力，并掌握为人处世的方法。

比如孩子在学校里看到别的孩子欺负人的行为，你就可以和孩子讨论一下这个问题，被欺负的小朋友会有怎样的感受，看到这种行为应该怎么做，如果是自己被欺负，又该怎么做，等等。

3. 陌生环境：帮孩子准备有亮点的自我介绍。

在家庭中跟孩子建立了爱和信任的沟通关系，孩子在跟周围人互动之前学会了换位思考，接下来你可以教给孩子一些具体的方法，帮助他们在陌生的社交环境中，大方得体地展现自己。

一个简单好用的办法是准备30秒的自我介绍，让别人知道你是谁，有什么爱好和特长，先积极地展示自己，再慢慢寻找跟别人的交集。

下面我从自我介绍的内容、语气、眼神和身

体语言四个方面,来谈谈如何帮孩子准备一个精彩的自我介绍。

(1)内容。

在 30 秒内,孩子除了讲出自己的名字,还要强调自己的亮点和至少一个可能和别人建立联结的共同点。

说出自己的亮点,是为了给对方留下深刻印象,让对方记住你。找到和他人的共同点,可以引起他人的好感,让对方想主动和你交朋友。

亮点怎么找?

每个孩子都有亮点,比如自己名字的意义、在学校最喜欢的科目、感兴趣的活动……还记得在 01 章提到的优势游戏吗?你可以平时在家训练孩子发掘自己的优势,再从里面找亮点,孩子会更自信。

亮点不能贪多。举个例子,假如孩子说:"我喜欢滑冰、游泳、击剑、围棋、篮球。"这些都是孩子的兴趣点或者特长,但是用这样的描述一笔带过的话，只是词语的堆砌，不会给其他人留下任何深刻的印象。

与其说出自己的一堆优点和特长，不如集中一两个点，具体展开说几句。这一两个点应该是孩子真正有热情从事的活动，或者是真正在意的事。比如我家老大会说："音乐是我生命中很重要的一部分，不论是古典音乐，还是电子音乐，我都喜欢听，我还喜欢弹钢琴，贝多芬是我最喜爱的作曲家。在学校的乐队，我是键盘手，也弹一些爵士乐。"这样几句话，把他热爱音乐的形象勾勒得很清晰。

具体的描述能使亮点更加突出。比如，孩子如果只是说"我喜欢花样滑冰"，这个说法就不够吸引人。如果说："我特别喜欢花样滑冰，每周都会花几个小时练习，一滑上冰，时间过得飞快，每次都舍不得走。"感觉就完全不一样了。

在喜欢前面加了"特别"作为强调，后面还有关于这个爱好的事实和细节的叙述——"每周花几个小时"，并加上情感和情绪的描述——"时间过得飞快,每次都舍不得走"。这样的介绍,特点就突出了,容易被别人记住。

再比如,孩子说:"我喜欢画油画。"这样的表述不会给听的人留下深刻印象。但如果改成:"我尤其喜欢画油画,画画让我有耐心,帮我克服完美主义。我的作品已经在少年宫得过奖了。"会让人觉得画画是孩子很重要的一个亮点。

由此可以看出,使用强调的词语如"特别""尤其",再加上对事实和细节的描述,以及自己的情绪和情感的描述,亮点将让人过耳不忘。

除了亮点,跟其他人的共同联结点又该怎么找呢?

方法就是,刻意提示孩子从自我介绍的场合和听众入手,只要说出一个跟场合或者听众相关的共同点就可以了。

如果是在一个新的班级介绍自己,那么孩子最喜欢的科目、电子游戏、食物、儿童电影等,就可能是联结点。如果是去参加一个才艺表演，孩子可以说说自己最擅长的才艺是什么，最喜欢的艺术家是谁，平时喜欢什么活动，这些都可能是联结点。

举个例子，假如孩子去参加一个乐高夏令营，开营的时候每个小朋友都有介绍自己的机会，怎么说才能让小朋友们愿意和你认识呢？

我家老大可以说："我的名字叫Alexander，中文是亚历山大。有的时候我确实觉得'压力山大'呢。我来参加乐高夏令营是因为从小就喜欢搭乐高，没有作业的时候，我可以坐在家里搭半天，我最喜欢的是星球大战系列的乐高，最近也开始学习乐高机器人。除了乐高，我还喜欢各种拼图游戏，妈妈说我2岁就能拼100块的拼图了。现在我11岁，放假的时候我会花几周拼1000块的拼图。希望在夏令营里，能和大家开开心心地切磋技艺。"

他的这个介绍首先讲了名字，关于"亚历山大"的幽默表达可能会让别人轻松记住他。另外他讲了两个亮点，都有具体的描绘，因为这是乐高夏令营，说出对乐高的喜爱和具体信息，容易和其他小朋友建立联结。最后抛出的拼图的爱好，也是对其他有共同兴趣的人的邀请，是一个可能的联结点。

（2）语气。

我们中国人有谦虚的传统美德，为了不显得骄傲，我们常常会故意贬低自己。比如，"我其实体育不是很好""我没有什么特别的地方""我钢琴弹得一般"。我要特别强调，绝对没必要在介绍自己的时候过分谦虚。因为头一次见面，积极正面的印象非常重要，所以要避免任何负面和消极词汇的使用。

提醒孩子，自我介绍时，一定要使用强烈的、正面的、肯定的、积极的词语，比如"我非常喜欢……""我热爱……""我很擅长……""我特别希望……"这样才能让别人感受到你的热情和自信。一个情绪饱满、意志坚定的人，更容易获得别人的尊重和信任。相反，没有自信或者消极的语气和态度，往往不能吸引他人。

（3）眼神。

告诉孩子，在做自我介绍的时候，眼睛要看着其他人。如果人很多，就采取环视的方式，从左看到右，或者在人群中找到几个人作为目标点，然后轮流看着这几个点。这些目标点应该是面带笑意的人，温暖正面的回应能让孩子受到鼓励并感到放松。

（4）身体语言。

一定要提醒孩子注意身体语言。讲话时，尽量让身体舒服、舒展，让自己的身体和四肢占用更大的空间，这样可以增加信心和气场，让听的人感受到你开放的、邀请的态度。千万不要把身体四肢缩起来，这样会显得自信心不足。

通过以上的介绍，相信你已经发现了，在短短30秒内既要说出亮点也要说出联结点，还要注意语气、眼神、身体语言，这个要求对成年人来说都已经不低了，何况大部分孩子还不具备张嘴就来的能力，所以你要帮孩子提前准备。

在家帮孩子准备自我介绍的时候，可以让孩子站在镜子前练习，也可以帮他录像，一起看回放录像，纠正表情和手势。反复练习，直到孩子能够流利自信地介绍自己。然后，让孩子把这样的自我介绍，变成他随时可用的和别人建立联结的一个工具。

孩子的自我介绍，也不是只有一个版本。带他出门的时候，针对今天特定的场景或者人，你们可以讨论 5 分钟，排练一下。

比如，带孩子参加一个你朋友们的孩子也会出席的聚会。我见过不少家长当场提醒孩子和其他小朋友讲话，可是家长的提醒常常是这样的："你们同一年级，还不聊聊功课？"试问，现在哪个孩子和小朋友见面会去聊功课，互相问你学了什么我学了什么呢？这样的现场提醒，只能让孩子更尴尬，不知道说什么好，适得其反。

所有的叮嘱都应该在正式见面前完成。你可

以告诉孩子与将要见面的大人合适的打招呼方法，比如提醒孩子见到你的朋友要叫伯伯和伯母，或者叔叔和阿姨；见面要问好，走时要说再见；如果收到礼物要表示感谢。

你可以提前告诉孩子其他小朋友的年龄和性别，还可以启发性地问孩子："今天要碰到几个小朋友，你怎么介绍自己才能很快地和他们玩到一起呢？"如果孩子说不知道，你可以告诉他："你可以告诉他们你上几年级，最喜欢的科目是什么，最爱的课外活动是什么，或者说说你最喜欢打的游戏是什么。记得平时你练习的自我介绍，你的亮点就可以派上用场了。"

以上是关于帮助孩子打开自我的三种场景。在下一章，我会和你分享孩子如何与同龄人融洽相处。

04

跟同龄人交朋友：
建立友谊，化解冲突

让孩子扮演好两个角色：
"爱分享的主人"和"受欢迎的客人"

前文父母在家里怎么训练孩子社交能力的内容，都只能算预演。孩子要真正获得受欢迎的能力，还得去同龄人当中锻炼。

从这一章开始，我们要进入周围真实的社交场景，和你分享怎么教孩子与同龄人交朋友。

我们知道，人与人之间有共同的兴趣爱好，才能聊到一起、玩到一块儿。但小朋友之间的交往，可不像大人社交时那样，有较强的主动性和目标感。

大人社交时，一般会先聊聊天气、交通，再分享信息，然后判断对方是否值得继续交往。孩子是单纯而直接的，如果对对方不感兴趣，就会扭头黏着爸爸妈妈，或者干脆自己玩自己的。

遇到跟同龄人聊天冷场的情况，社交能力还不错的孩子，会寻找合适的时机礼貌地退出交谈。

而受欢迎的孩子，会试着了解对方，在寻找共同点、尊重差异点的基础上，主动开启新的话题，懂得欣赏别人，也让别人喜欢自己。

那怎么才能做到呢？我的秘诀是多做客。

鼓励你的孩子去别人家做客，以及邀请别的孩子来你家做客。让孩子扮演好两个角色："爱分享的主人"和"受欢迎的客人"。

✕ 怎么做爱分享的主人

别的孩子来你家的时候，怎么让孩子做"爱分享的主人"呢？你可以教孩子玩画布游戏。这个游戏适用于 5 岁以上的孩子。

当孩子邀请其他小朋友到家里来玩的时候，你可以先准备几张大到孩子可以躺在上面的纸或画布，如果是有颜色的更好。

第一步，让每个小朋友选一张纸，然后轮流

躺在自己的纸上,让其他小朋友帮忙,用笔勾勒出躺在纸上的身体外形。

第二步,等所有小朋友都拿到了自己的轮廓画像,再让他们动手,在画像上写出自己喜欢的东西。比如,在嘴巴的位置,写出自己喜欢吃的东西和喜欢聊的事情;在胸口,写上在乎的人和事;在手上,写上喜欢用手玩的东西;在腿和脚上,写上喜欢用脚玩的东西和做的事。

如果没有那么大的纸,让孩子们在一张A4纸上画出自己的自画像也可以。如果孩子年龄小,还不会写字,那就随便画画,只要其他小朋友能看明白就行。一个人画,其他人猜,也很有趣。

第三步,等大家都写好或画好了,把这些图画展示出来,让每个孩子对照其他人的信息,找找有哪些跟自己相似或不一样的地方,就像在玩寻宝游戏。

三步下来,通常孩子们都会玩得很开心。最

重要的是，试着让你的孩子作为"小主人"去主导这个游戏，比如宣布游戏规则、把握各环节的时间和节奏等。

要让孩子在游戏中明白两件事。

第一，交朋友要先找共同点。找到共同点之后，话匣子就打开了。以共同点为基础，更容易建立友谊。

第二，交朋友也要留意那些差异点。每个人都有自己的特点和爱好，不可能完全一致。试着去发现别人跟自己不一样的地方，学习别人的长处，或许能给自己打开一个全新的世界。

比如，有小朋友看到我家老二最喜欢的事情是"制作夹娃娃机"，觉得很奇怪，这个东西还能自己做啊？我儿子就把自己用纸箱子做的简易版夹娃娃机抱出来，得意地展示给大家看，还像模像样地讲解了一番制作过程。其他小朋友都觉得很有趣，一边开心地看看、摸摸，一边说回家以后自己也要做一个。

✕ 怎么当受欢迎的客人

邀请别人一起玩的时候，要鼓励孩子做"小主人"，主动分享和交换信息。那么，如果是孩子要加入别人的游戏，他又该怎么做呢？

这也是我要分享的，当去别人家的时候，如何做"受欢迎的客人"。核心是：要有界限感，尊重别人的独立空间。

比如，当孩子在楼下看到一群小朋友玩捉迷藏或是踢球时，他也想加入进去，怎么办？没有界限感的孩子可能会直接跑进去一起玩，也不管对方是否愿意。这样做很可能会让正在玩的小朋友感觉不舒服。有的孩子会一直待在一旁，眼馋地看着，但是不知道如何参与进去。

社交能力还不错的小朋友可能会直接询问对

方："我可以加入吗？"而受欢迎的小朋友，知道怎么做能得体地表达自己想加入的意愿，同时又尊重他人的独立空间。

受欢迎的小朋友会先在旁边观察其他人在玩什么以及游戏规则，确认自己是否真的想要加入。接着，他会给正在玩的孩子叫好，比如说"好球""太好玩了"之类，或者帮对方捡起落在场外的球或玩具，趁机说"我可以跟你们一起玩吗"，这样既显示出自己的友善，又表示出自己可以帮助对方，体现自己的价值。

在整个过程中，受欢迎的孩子清楚地知道两件事。

第一，他是旁观者，只有在得到别人允许之后，才可以加入进去。在旁边观察的时候，他不会问东问西说个不停，更不会过分表现自己，批评正在玩的孩子。加入游戏后，会抱着"跟对方一起玩"的心态，而不是总想着"我要不顾一切地赢"。

第二，即使加入请求被拒绝，他也明白这是很正常的。也许因为参加游戏的人已经足够了，也许因为他们对自己还不熟悉，不管怎样，即使被拒绝，也不意味着他不好，或者不受别人欢迎。独立的人格使受欢迎的孩子内心更强大了。

有的家长会问："孩子多大就可以训练他们当受欢迎的客人了呢？"我的经验是不要以为孩子太小不懂事，就对孩子没有规矩方面的要求。从孩子三四岁上幼儿园起，每次出门前我都会和孩子讲出门的规矩、基本的礼貌，并跟孩子演习如果想加入其他小朋友的游戏的方法。

这种从小的训练，会让孩子们长大后觉得这是很自然的事情，让规矩在潜移默化中变成习惯。

✕ 孩子与同龄人发生冲突怎么办

小朋友在一起时，经常前一秒还黏在一起玩

得好好的，下一秒就因为争抢玩具或零食而大打出手，这让很多家长头疼不已。

尤其在二孩家庭，如果总是要求老大让着老二，既不公平，也会让老大很委屈。那应该怎么办呢？我教你两个方法。

1. 你切我分：处理冲突。

家长可以用"你切我分"的游戏，让孩子学会合作和分享。

很多家长都知道要鼓励孩子分享，但问题在于：如果只是嘴上说"这个玩具要跟别人一起玩"，小孩子是完全没有概念的，顶多是机械地遵照大人的指令，并不能真正意识到分享的价值和乐趣。

在我家，我会鼓励两个孩子一起玩"你切我分"的游戏。比如一个蛋糕，弟弟总是说："我要大块的。"而哥哥则干脆利用他的身体优势，直接抢到更大的一块，弄得弟弟不是哭就是抱怨。于是我想出了一个办法，就是让兄弟两个协作，在分蛋糕的时候，一个负责切，另一个负责分，他们可以自由选择是做切的人还是分的人。

这样一来，如果负责切蛋糕的人切得不均匀，大的那一块肯定会被负责分的人拿走。为了不吃亏，不管是谁切蛋糕，都会小心翼翼，尽量做到平均、公正地分配。

对小孩子来说，要把蛋糕切均匀并不容易。制定了这样的规则之后，他们就从一开始的讨价还价、你争我抢，变成了分工合作，有商有量地仔细研究把蛋糕切平均的最佳方案。

把这个游戏扩展一下，如果是切苹果、切西瓜，孩子年龄小不适合自己动手，你就可以帮忙，让那个负责切的孩子做指挥，他怎么说你就怎么切。如果是分玩具，可以请一个孩子说出游戏规则，比如"每人玩5分钟"，然后让另一个孩子先玩，时间到了必须换过来。

一个简单的"你切我分"的游戏，能让孩子

明白这个世界上要做到绝对的公平很难，只有通过合作、交换，才能得到自己想要的东西。

当孩子们的冲突比较激烈，情绪激动，甚至大打出手时，家长又该怎么做呢？我的建议是，你不要急着当调解员或者裁判员，而要立刻停止游戏，把孩子们分开。

如果是跟小区或学校里的孩子发生冲突，那就把你的孩子拉到一边，设法让他冷静下来。家长不要选择站队，更不要马上跳出来护犊子，不要让偏袒自己孩子的情绪影响你的言语和决策。记住，一个巴掌拍不响，而孩子之间的冲突也不会是天大的对立。孩子需要的其实只是冷静下来，把大脑杏仁体的情绪冲动转化成前额叶皮层的思维能力而已。

一个简单的选择题就可以促成前额叶皮层的思维能力的回归，比如问他"今晚你打算去打球还是去朋友家参加生日会？"或者"回家后你想吃烧茄子还是炒米粉？"当孩子试着回答你的问题时，他也就从冲动的情绪中跳出来了，具备了思考的能力。之后，你可以再问孩子冲突的原因和冲突的细节，这时才能真正找到问题所在。

如果是自己家的两个孩子发生冲突，我有几个小办法供你参考。

在孩子发生冲突时，我会把他们分开，然后让兄弟俩手拉手，鼻子碰鼻子地坐在沙发上。过不了一会儿，怒气冲冲就会被笑声所代替。

我家还有一件"我爱你T恤"，其实就是我先生的超大号T恤衫。在孩子冲突的时候，我会让他们两个必须同时把身体塞进这件T恤，直到他们停止争吵。有时还会让他们一起穿着这件爱的T恤去做家务，比如倒垃圾，很快他们就会从冲突模式变成合作模式了。

2. 冷静角 + 正念瓶：缓解情绪。

有些家长在孩子生气时，喜欢扔给他几个沙袋、弹力球或枕头作为发泄的对象，但我不建议用这种方式来处理孩子的情绪问题。

它可能在短期内有效,但对抗性比较强,一旦孩子养成暴力发泄的习惯,当手边没有合适的工具时,就很可能会摔东西、大喊大叫,甚至误伤到周围的人。

我认为面对孩子的负面情绪,更好的选择是使用"冷静角"和"正念瓶"。

什么是"冷静角"呢?就是在家里选一个特殊的地方,比如卧室的沙发、孩子的小床,甚至是独立的卫生间,作为孩子处理负面情绪的地方。告诉孩子,如果有情绪,要第一时间到"冷静角"去。

刚开始,你需要陪着孩子去"冷静角"。不论孩子情绪多激动,你都不要评价,也不要和他争论,只是拥抱他,温柔地告诉他:"我知道你很生气,别担心,我就在这里陪你,让我们先安静下来。"

然后,可以引导孩子做深呼吸,先大口吸气,然后用力吐气,一口一口地,把愤怒吐出来。也可以让孩子使劲攥拳，数1、2、3，然后松开手；再使劲攥拳，数1、2、3，再松手，直到最后抖抖手，用力把愤怒甩掉。重复这些动作，直到孩子恢复平静。

除了"冷静角"，"正念瓶"也是一个有趣又好用的工具。

你首先需要和孩子一起来做一个"正念瓶"。就是在一个透明的玻璃瓶里装入热水，把1/3瓶的无色液体胶水倒入水中，再让孩子挑选一种食物色素，加到水里。盖上盖子，摇晃瓶子，让胶水和食物色素充分混合。最后，再加入闪粉（glitters）充分摇晃混合，就做成一个漂亮的正念瓶了。

当孩子情绪激动时，就让他摇晃这个正念瓶，看着闪粉在瓶子里上下飞舞，慢慢降落到瓶底，他会越来越放松、平静。正念瓶有助于孩子理解人的大脑处理情绪的过程。

这个正念瓶就像是孩子的大脑。大多数时候，孩子的大脑是平静并能合理思考的，前额叶皮质清晰，孩子能做出很好的决定。有时一些突发事件会激活髓质——大脑的楼下。

也许有人做了一些让孩子生气的事情，有人做了一些令他们嫉妒或沮丧的事情。突然，刺激因子被释放——就好像正念瓶被翻转过来，所有闪粉都在瓶中激烈无序地舞动——孩子大脑的楼下正在回应，大脑的思维部分不能再正常运转了。这个时候，孩子可能会骂人，也可能会踢、打、发脾气。

我们可以教孩子用10秒钟来专注于呼吸，从事发现场走开，拿本书看，或做别的事情。或者在10秒钟之内不要说什么，甚至不要做任何事情，只是观察正念瓶里的闪粉逐渐降落到瓶底。

正念瓶逐渐变清晰的过程，也是大脑思维部分逐渐恢复清楚的过程。当孩子大脑思维恢复正常，前额叶皮层充分参与，就能做出一个很好的决定。

一旦孩子可以做出决定，他可能会寻求父母或者老师的帮助，可能会去和起冲突的人交谈，也可能会读一本书，这需要一些时间。总之，在给孩子一些时间冷静后，他就能做出明智的决定。

有时，因为感受十分强烈，孩子可能需要多次摇晃瓶子。但摇晃瓶子的目的是让孩子知道，当他的感觉如此混乱的时候，他的情绪正在接管大脑。此时不是谈话的恰当时机，也不是行动的最佳时机——但要让他做些什么，以便有足够的时间冷静，从而做出好的决定。

所以，除了"正念瓶"，还可以跟孩子一起制作其他的压力舒缓工具。比如，我小儿子会把纸剪成圆形、三角形等不同的形状，糊成一个手掌大小的口袋，里面装上海绵，然后封口，再把口袋涂上颜色，做一些设计。圆的口袋，他就画成巧克力饼干；三角形的口袋，他就画上肉肠比萨饼，或者画一块带着籽的西瓜。

画完之后，他会把这个小纸口袋攥在手里，因为里面有海绵，纸包可以压缩，也可以复原，这就是他的舒压包。当他情绪不好的时候，就会用这个舒压包来帮助缓解。这与前面提到的沙袋等物品不同，沙袋是发泄的工具，而舒压包是缓解的工具。

等孩子情绪稳定之后，你再好好跟他聊聊，了解一下到底发生了什么事。然后和他一起分析讨论如何解决问题，再看看下一次怎样才能避免冲突。千万不要在孩子情绪的风口，去试图说教，那样只会让孩子情绪更激动。

这一章，你学到了孩子交朋友要扮演好两个角色："爱分享的主人"和"受欢迎的客人"。当孩子和小伙伴发生冲突的时候，可以用"你切我分"的游戏教他与别人一起合作和分享。如果孩子情绪激动，可以借助"冷静角"和"正念瓶"，让他先恢复平静，再讨论问题。

下一章，我会和你说说怎么教孩子跟成年人交朋友。

05

跟成年人交朋友：
有效沟通的三件事

有效的沟通，
双方一定是平等的

上一章是关于怎么引导孩子和同龄人交朋友的,但在现实生活中,孩子可不只是和年龄相仿的小伙伴打交道。孩子在成长过程中接触最多的,就是成年人了,包括他的爸爸妈妈、其他家人、邻居、老师、同学家长,以及完全陌生的人。

善于和成年人打交道的孩子,在成长中能获得更多资源和帮助,在同龄人当中也更有影响力、更受欢迎。

什么样的孩子会受到成年人的欣赏和欢迎呢?我认为主要有两点:一是懂礼貌、守规矩,懂得人际交往的基本规则与礼仪,言谈举止大方得体;二是不卑不亢,有跟成年人进行深度对话的能力。

具体怎么做呢?我有以下建议。

✕ 在家练习好好说话

现在很多家长都已经意识到,要适当让孩子参加成年人的社交活动。这样,孩子也可以尽早体验、学习成人世界的大小礼仪和各种规则。

这样做虽然不错,不过,在把孩子领出家门、推向外界之前,你要先回想一下,平时在家里你和孩子是怎么沟通的。孩子接触最多、关系最亲密的成年人,是自己的家人。你和孩子间的沟通模式,深刻影响着孩子待人接物的方式。

很难想象一个在家里唯唯诺诺、不得不经常看大人脸色的孩子,走出去跟其他成年人接触时,会抬头挺胸、充满自信。也很难想象一个被家长过度宠爱保护,习惯对大人发号施令的孩子,在和别人交往时会有界限感,懂得尊重礼让。

所以,一定要先在家庭内部创造平等交流的氛围,让孩子能够不卑不亢地和大人说话。

有效的沟通，双方一定是平等的。而在孩子和成年人的沟通中，成年人掌握着资源和话语权，处于绝对强势的位置。想让孩子跟成年人对话时不示弱、不逞强，家长就要在日常生活中注意观察并改善自己和孩子的沟通方式，既不要居高临下、用权威压制孩子，也不要百依百顺、让孩子觉得周围的人都应该听自己的。

父母是孩子面对他人和世界的第一扇窗，家是孩子最好的训练场。孩子只有在跟家人沟通时受到尊重，对平等交流习以为常，走出家门跟其他成年人交往时，才会积极自信、不卑不亢。

除了平等，人际交往还有一个重要的原则，就是真诚。

在和身边人接触的过程中，与任何人交朋友的前提，都是对别人真诚地感兴趣。这就需要在跟别人对话的时候，积极思考，不断提出能激发更多讨论的问题，让沟通变得深入、持续。

孩子不管是在经验阅历还是在思维方式上，都和大人有着不小的差距。一般来说，除了礼节性地问好、被动地回答问题，孩子很多时候就不知道该说什么了。

这个时候，作为家长，你该怎么做呢？

※ 倾听和向大人发问的三个技巧

想让孩子跟成年人交朋友，就应该教给孩子一些谈话规则和话术，增强他们跟成年人深度沟通的能力。这里面有三个技巧。

1.教会孩子聆听。

你要让孩子明白：成为一个善于谈话的人，必须先做一个善于倾听的人。

认真听对方说话，能让对方感受到你对他的重视，也会让他觉得自己很重要。从聆听中，你也能够获得重要信息，发现对方最感兴趣的话题或者最为得意的观点。然后,你就可以围绕对方的兴趣点提问或者展开讨论,这样就把谈话继续下去了。

2. 训练眼神和笑容。

你要让孩子知道:和人讲话,一定要保持微笑、看着对方。

具体地,可以一直看着对方双眼和鼻子连成的倒三角形的区域。因为一直盯着眼睛、目不转睛地看人,会让人觉得不自在。而如果避开对方,或者眼神游离,也是不礼貌的表现。别人会觉得你对他没有兴趣,或者对自己没有信心,甚至会觉得你在故意逃避什么。

3. 孩子向大人提问的技巧。

对话讲究你来我往,你要跟孩子强调:一定要注意丰富问答的内容,学会拓展话题。如果只用"对"或"不对"这样的封闭式回答,就可能成为谈话的终结者。

下面我整理了两类在很多场景中孩子都能用

到的问题。你可以提前跟孩子讨论，让他们把这些问题记在心里，平时加以练习。这样，遇到冷场不知道该说什么，或者想开始一个新话题的时候，就可以大大方方地抛出来，轻松推进他和成人间的谈话了。

第一类问题，是针对已知信息，求问未知信息，表现自己的求知欲。比如，"您讲的真有意思，能不能再给我说一个例子？""怎么才能知道问题的答案呢？""您是怎么做到的，可以教教我吗？"

第二类问题，是针对谈话者本人的经历表现出兴趣。每个人都非常在意自己是否被他人关注，所以问对方关于他本人的问题，他通常都乐于回答。例如，你可以教孩子问"您是从什么时候开始对这个感兴趣的？""您的工作好玩吗？""您每天在工作时间都做些什么？"等。

要提醒孩子，不能问一些属于个人隐私，或者带有负面评价的问题。一次，我带着8岁的儿子和几个客户一起吃饭。儿子和旁边的叔叔聊天时，他问了叔叔年龄后，又问人家结没结婚。在听到还没结婚时，他冒出一句："三十多岁还没结婚，好奇怪呀。"当时让我非常尴尬，如果我能提前告诉孩子不要评论别人的隐私，他就不会这么失礼了。

你还要告诉孩子，提问的关键是聆听。千万不要总是在心里盘算着自己下一个问题应该问什么，而没有听对方正在讲的信息。因为所有后续的提问，都应该从谈话内容而来，这才是推进谈话的正确方式。

你可以和孩子找一个小的问题进行情境练习，最简单的办法是让孩子针对你的工作提问。之后反过来，由你提问，孩子来回答。你可以问问孩子今天在学校过得怎样，发生了哪些事情，让孩子从"受访者"的角度体会，哪些问题让人感觉轻松愉快，哪些问题让人觉得不舒服。

以上这些内容都是教孩子提问的技巧，只是话术方面的辅导。而话术下面的基本功，是孩子好奇心的保护和日常素材的积累，这才是最重要的。

孩子生来就有好奇心，喜欢探索世界。我建议你多带孩子出门见见世面，去的地方多了，见的人多了，跟人聊天就会更有话题。

如果有客人来家里，也不要只想着让孩子展示考试成绩、表演才艺特长，或干脆把孩子撇到一边，让他们自己写作业或玩游戏。不断鼓励孩子和你一起招待客人，适当加入大人的寒暄讨论，哪怕只是在一边观看、模仿，都是很好的练习。

每一次孩子和成年人的互动，你都应该积极鼓励，还要及时和孩子复盘梳理，哪些方面做得比较好，哪些细节没有注意到，这样可以帮助孩子为下一次交流做好准备。

✕ 教孩子对陌生人保持合理的戒心

训练孩子更好地和成年人打交道，除了在家庭内部创造平等交流的氛围，掌握一些跟大人沟通的基本礼仪和话术外，还要告诉他们与不太熟悉的，甚至完全陌生的成年人交往时的边界，教他们通过一些信号识别危险。

成年人可以是孩子的良师益友，也可能是一些危险的制造者。因此，我们既要鼓励孩子多跟成年人沟通、交朋友，也要培养孩子的自我保护意识。

首先，教孩子划定自己的"信任圈"。你要和孩子一起讨论，确定孩子可以信任的几个成年人，把他们划入孩子的"信任圈"，比如爸爸妈妈、爷爷奶奶、姥姥姥爷。

对于信任圈的成年人，遇到紧急情况，孩子可以无条件地听从他们的安排，完全相信和他们在一起是安全的。

你还可以跟孩子设立一个安全密码，这个密码只有你和孩子知道。万一你有事情，需要托人去接孩子，那么，那个人必须要告诉孩子这个密码，不然孩子绝不能跟他走。

其次，提醒孩子注意和成年人交往的尺度。如果对方有下面这五种行为，孩子就要提高警惕，及时向信任圈的成年人寻求帮助。

（1）他要带孩子离开孩子熟悉的环境或家人的身边。

（2）他要跟孩子单独待在一起，或把孩子关在一个封闭的空间。

（3）他要孩子展露自己的隐私部位，或者将自己的隐私部位展示给孩子。

（4）他请求孩子帮助自己做事，而不是去求助其他成人。

（5）他要求孩子保守秘密，为此甚至使用一些恐吓性的言辞。

最后，除了让孩子辨识这些危险信号，还要跟孩子强调，见到陌生人，只需要有基本的礼貌，比如微笑、点头、问好。除此以外，不用太多地去和陌生人主动交往，除非父母和信任的人就在身边,或者信任圈的人和这个陌生人正在交谈,孩子可以适当地加入对话。

以上就是我分享的孩子跟成年人打交道时,家长应该注意的诸多内容。下一章,我会从性别差异的角度,讲讲如何培养受欢迎的男孩和女孩。

06

如何培养受欢迎的
男孩和女孩

培养孩子的受欢迎力，
塑造独立人格。

前几章是关于受欢迎的孩子所具有的共性，以及面对不同社交问题时的一些好用的方法。这一章我要分享如何培养受欢迎的男孩和女孩。

我们之所以要培养受欢迎的孩子，不是要让孩子变成学校里的风云人物、人见人爱的万人迷，而是希望通过培养孩子的受欢迎力，来塑造他们的独立人格，提高他们的自信心和沟通能力，使他们长大后在职场里更成功，在家庭中也更幸福。把孩子最终培养成一个受欢迎的成年人，才是这本书的真正目的。

对男孩和女孩来说，有哪些素质和特性对他们成年后的社交能力特别有帮助，又容易被家长所忽略呢？

✕ 如何培养受欢迎的男孩

要培养受欢迎的男孩,在我看来,一是要鼓励男孩参加团体体育活动,二是要培养男孩的幽默感。

1. 在团体体育活动中成长。

我以前有一个美国男同事,总是以自我为中心,非常难合作。其他男同事跟我讲起他时,总是说:"他这个人从小没有参加过团体体育活动,只是玩滑雪这种单人的体育项目,所以没有团队精神,这一点儿也不奇怪。"他们的评论让我了解到美国男性是多么注重团体体育活动。

我在国内上学的时候,体育好的同学往往不是学霸,在上学期间也不是最受欢迎的学生。但是当他们走上工作岗位后,却往往如鱼得水,相对容易取得一些成就。

为什么?因为他们的合作能力、纪律性、抗挫力、沟通能力等,从小就在团体体育活动中得到了训练。团体体育运动还能教会男孩子正确看待输赢,让孩子学会如何在挫折中成长、在竞争中合作,这为他们在未来成人世界获得成功提供了宝贵的演练机会。

鼓励男孩参加团体体育活动,父亲的参与非常重要。不过在国内,亲子教育更多是由母亲承担的。成长中缺少男性榜样,这样的男孩子容易缺乏阳刚之气。因此,我建议父亲再忙,每周也要抽出至少半天时间,跟儿子玩一些球类等互动性游戏,或到户外参加体育活动。

如果孩子不太喜欢体育活动,父亲要积极引导、示范,鼓励孩子尝试。比如,可以让孩子挑一双他喜欢的球鞋,带孩子到球场上走一走;带孩子看比赛;邀请孩子的朋友和家长,来一场亲子竞赛。

观看孩子比赛时,父亲不要忙着打电话、刷手机,而要认真观赏、大声助威。比赛中场休息或结束后,爸爸可以跟孩子一起讨论比赛,让他知道你很在意他是不是全力以赴,你是真的在关注他、支持他。

另外，还要注意一点，在推动孩子运动方面，不要心急。不要觉得男孩子多打击打击也没关系，拿自己孩子跟其他孩子做比较。比如，对孩子说："你看人家小明踢球踢得多好，瞧你成天就知道窝在家里！"这会严重伤害孩子的自尊心，让他觉得体育不好是件让人羞耻的事，时间长了会越来越没自信。

父亲应该跟儿子一起玩，做他的榜样，比如一起练习投篮，一起踢球、传球等，让孩子在运动中感受到快乐，而不是为了比别人强才去参加体育竞技。

2. 幽默感像肌肉一样，越练越发达。

生活中，有幽默感的人一般比较有亲和力，能让人感到放松、快乐。他们面对困难时也更加乐观，能在遇到挫折时积极面对。

幽默感难道不是天生的吗？培养男孩子的幽

默感，可能吗？我要告诉你，幽默感是可以学习和训练的，就像训练肌肉一样。

在此，我想提醒你的是，一些男孩子喜欢吹牛，以浮夸卖弄的方式掩盖自己的缺点，强调自己的与众不同，这是非常不好的习惯，会显得不诚实、不踏实。培养孩子的幽默感，能帮助他们用更积极、乐观的方式面对问题，而不是虚张声势地去逃避。

有的孩子自以为很幽默，把幽默感用在嘲笑别人方面，这样做不但不会受人喜欢，还会起到相反的作用。

培养幽默感的最好方式，是教孩子学会自嘲。自嘲能巧妙化解尴尬和冲突，也能训练孩子在遇到问题时，养成从自己而不是对方身上找原因的习惯，培养他的勇气和格局。

下面我教给你两个培养幽默感的方法。

第一，调侃自己的错误，学会举重若轻。

教会孩子在自己的短板或错误中找到好笑的地方。最好在别人指出来之前,先自嘲一番。因为人无完人,只要努力了,做得不好,改就是了,没必要给自己太大压力。

比如,我给儿子画了一幅像,发到朋友圈时,我会这样说:"钢琴老师让我画一幅儿子弹琴的像,虽然看不出这是儿子,但能看出他在弹琴。"

大概是受到我的影响,有一次儿子在钢琴比赛时弹错了几个音,他没有自责,也没有闷闷不乐,而是半开玩笑地说:"下次比赛前,我需要准备得更充分。不过出错了,说明我还没变成一个机器人。"

第二,用"筑墙法",不让自己陷入无谓的争执。

在跟别人发生冲突时,我会让孩子想象在自己面前筑一面墙。这面墙就像一个保护装置,不论别人说什么负面的话,都不会影响到自己。那些负面的话就像射到墙上的箭一样，只会反弹回去。

有了这样的心理建设，你需要做的，就是让孩子保持内心的平静，然后顺着对方的话头进行反击，教孩子用开玩笑的方式，轻松将对方的攻击化解于无形。

比如，有个小朋友说我儿子是"没脑子的傻猴子"。如果换作其他孩子，可能会感到内心很受伤，为什么平白无故我要被别人骂。但是我教给孩子用筑墙加自嘲的方法进行反击。遇到这样的情况，他会故意问同学："你见过没脑子的傻猴子吗？是这样的吗？"然后他就模仿着猴子的叫声走开了。儿子不仅自己不受伤，还不会挑起更大的矛盾。

拿自己开玩笑，把恶语、嘲笑当笑话化解掉，不但不会伤害自己的感情、影响自己的情绪，而且也是对对方最好的嘲笑。

✕ 如何培养受欢迎的女孩

在传统观念中,最受欢迎的女孩是那种温顺、听话的"乖乖女",但在现代职场上,过分顺从的女孩子容易显得没有主见,只会遵照别人的意志行事,结果常常是受委屈,而不是受欢迎。

培养受欢迎的女孩有两点应该注意:一是敢于在公开场合表现自己;二是私下里不随便说别人的坏话。

1. 在公开场合积极、自信地表现自己。

跟男孩比起来,女孩大多比较细心,这也容易让她们对外界评价和他人的反应过于敏感,害怕被别人否定,在公开场合不敢表现自己。

遇到这种情况,很多家长都知道要多加鼓励、多给孩子创造机会,帮她们做好准备。除此之外,我还想补充一个办法,那就是和孩子一起演练高能量姿势(power pose)。

具体做法是：如果你是站立的，可以双腿分开与肩同宽，双手叉腰，挺胸抬头；或者双臂用力向上伸展，好像体育比赛的获胜者一样。如果你坐在椅子上，可以身体后倾，双手交叉抱在脑后，把腿高高跷起，甚至可以跷到桌子上；或者让身体尽量舒展地坐在椅子上，把手臂向外伸展，搭在旁边的椅子上。

美国社会心理学家埃米·卡迪（Amy Cuddy）经过研究发现，只要持续两分钟做出上面的高能量姿势，就会让我们体内的睾酮分泌水平提升，皮质醇分泌水平降低，从而让人更舒适，也更加自信和坚定。

在帮助我们克服害羞或紧张的情绪方面，这个方法无论是对大人还是对孩子来说，都很管用。建议你平时在家多跟孩子一起练习这些高能量姿势，再配合语言的引导鼓励，孩子一定会越来越自信。

2. 不传播负能量。

除了在公开场合自信地表现自己，一个受欢

迎的女孩，还应该做到不传闲话、不传播负能量。

生活中有些女性给人的印象往往是比较八卦，容易传闲话。这样对外显得个人形象不牢靠，对内则让自己的眼界格局越来越窄。

关于这一点，我要特别强调母亲对女儿的影响。因为女孩的成长主要是以母亲为榜样的，如果她看到妈妈总是在背后议论别人，总说负面的话批评别人，她就会把这么做当成是很正常的事情。

从孩子上幼儿园起，你就要给孩子立一个规矩，不要在背后说别人任何坏话。如果想不出什么赞美或者友善的话，那就什么都不要说。

为了帮助孩子理解传闲话的坏处，可以跟孩子一起玩两个小游戏。

第一个游戏，接一盆水，把一块石头丢在水中央，让孩子观察激起的涟漪。告诉孩子，一个小小的石子，就像一句闲话，能够激起很多涟漪，一波一波，不会停止。通过涟漪让孩子意识到闲话的负面作用很大。

第二个游戏，拿一个空碗，准备一管牙膏，让孩子每挤出一截，就说一句对别人的负面评价，比如"谁谁很笨""谁谁很丑"，等牙膏都挤完了，让孩子试着把牙膏收回到装牙膏的空管里。这时，孩子会发现根本不可能做到。由此让孩子意识到，即使是事实，任何闲话或者负面评论造成的伤害都是收不回来的。

你可以一边玩游戏一边跟孩子讨论，正如植物有趋光性一样，人也喜欢和光明、正面、积极的人相处，我们应该努力在明亮的地方做带着光的人，而不是躲在暗处做挡住光线的人。

如果孩子控制不住自己，背后说了别人的坏话，你可以在旁边委婉地提醒："谁在挤牙膏呢？"

07

培养懂得感恩的孩子

不懂感恩,
完全以自我为中心,
很难和他人建立长久的亲密关系。

从我们大人的人生经验中不难发现：一个懂得表达感谢的人更容易获得他人的好感，也更容易得到他人的帮助，拥有更好的社会关系。

不懂感恩，完全以自我为中心，很难和他人建立长久的亲密关系，更难受欢迎。所以，你一定要从小把自己的孩子培养成懂得感恩的孩子。

该如何教导自己的孩子，让他从小就学会感恩呢？我和大家分享一下我在美国观察到的很多普通家庭都会教孩子做的事情，以及我在生活中的一些心得。

✕ 培养感恩之心

我家小儿子 5 岁生日的时候，我按他的要求给他买了礼物，开了生日会，吃了他最爱的芒果蛋糕，还做了他点的打卤面。可是在度过了一个快乐的生日之后，他躺在床上对我说："我今天的生日过得一点儿也不好，根本没什么特别的。"然后他细数了这一天的不完美。

那时我意识到，教会他感恩很重要。于是我跟他说："今天所有的活动都是按你的要求进行的，你应该好好数数自己应该感恩的事情。如果你总是想着自己没有得到什么，那你永远都不会快乐的。"

从那天起，每天吃晚餐前或睡觉前我都会要求孩子们在祷告中必须讲出自己最感恩的五件事。孩子上小学以后，我们一起用玻璃瓶做了一个感恩瓶，并鼓励全家人每天把自己感恩的人和事情写成纸条，放在瓶子里面。在每周的家庭晚会中，我们会随机抽取纸条，拿出来大声朗读。

我还鼓励孩子在每年生日的时候，写下和自己年龄对应数量的让自己感恩的事，比如 10 岁写

10条。大人也在生日的时候写下自己感恩的事，和孩子分享，比如我40岁就会写40条。

孩子上中学以后，我要求他们写感恩日记，不一定天天记，但是无论事情大小，要让孩子坚持把让自己感恩的事情记下来。相信日积月累的行动，会让孩子养成感恩的习惯，而习惯成自然。

教会表达感谢的方法

表达感谢的方法有很多，不同年龄阶段的孩子应该适用不同的方法。孩子3~5岁的时期，家长在孩子表达感谢方面要多加教导和提醒。

当孩子过生日收到礼物时，家长可以在孩子耳边低声说一些暗语，比如："你应该说什么？"提醒孩子对别人表示感谢。孩子这时就会说："谢谢你送的礼物。"

这样的教导是要从小就告诉孩子，当别人帮

助了我们，或者对我们表达了善意和赞美，或者送了礼物给我们时，我们都应该及时说声谢谢。在耳边小声及时的提醒是为了帮助孩子养成主动表达感谢的习惯。

除了当面的感谢，还可以给送礼物的人寄一张卡片。父母可以和孩子一起制作感谢的卡片，让孩子在纸上画出自己喜欢的东西，或者在现成的卡片上画画、写下自己的名字，送给对方。孩子们很喜欢这种发挥他们创造力的活动。

孩子6~10岁的阶段，就可以让他们亲自手写感谢信或感谢卡片寄给要表达感谢的人了。内容的长度可以是一年级写一句话，四年级写四句话，以此类推。

孩子上中学以后，在重大节日或者是老师感谢日的时候，我们会引导孩子不仅要感谢教导自己的老师和教练，还要特别注意那些平时不被留意的人，比如学校里指挥交通的员工、迎宾处的保安、负责打扫卫生的人等，鼓励孩子写感谢的纸条或者卡片给他们，以此表达敬意和感谢。

过节的时候，我们全家还会一起烘焙美味的饼干，包在精美的食品袋里，随手赠予这些在学校里或者在社会上默默奉献的人。

送礼物也是一个表达感谢的重要手段。每逢重大节日之前，我们都会给每位老师送礼品卡，还会附上我们用全家福照片制作的卡片。每张礼品卡15~20美元，钱不在多，而在于感谢老师的心意，我们还会给学校办公室的职员买一个大的食品果篮，让大家享用。教职工收到礼物以后，也都会当面给孩子们感谢卡片，或者将感谢卡片寄到家里，告诉我们他们会好好使用礼品卡的。

这些简单的方法对孩子来说非常容易学习，还能让他们从小在点滴小事中学会表达感恩。

✕ 把感恩落到行动上

培养懂得感恩的孩子，最终要落实到行动上。在家主动帮助家人做一些力所能及的家务，在外主动为街坊邻居、同学、老师提供帮助，这些都是一个懂得感恩的孩子可以拿出的行动。

学龄前儿童，应该知道自己玩儿完的玩具，要自己负责收拾；换下的脏衣服，要放到指定的脏衣筐或者洗衣机当中；吃完饭的碗筷，要拿到洗碗池里面。

家长不要觉得孩子小，心疼孩子，或者怕孩子打破东西，就什么活都不让孩子干。从小让孩子对自己的行为活动负责任，不仅能增强孩子的掌控感和独立性，还能让他们从小知道自己是家里的一员，有责任分担家里的工作。

从小学起，孩子就可以每周分担一定的家务劳动，比如洗碗、取信、倒垃圾等简单的工作。当孩子们对家庭有了责任感，会有助于他们了解父母平时的辛苦。

在家庭之外，孩子可以从做一个好邻居开始。比如我家做了什么好吃的东西，我会让孩子送去给邻居品尝。中学生可以在邻居有需要的时候，提供力所能及的帮助。比如有一次我不在家的时候，邻居家的高中男孩就主动把我家门前的积雪铲走了。有时他还会帮我家孩子安装新买的玩具，或者在邻居搬家的时候搭把手，搬搬镜框、台灯之类的。我家也会鼓励孩子定期整理自己不用的书、玩具和衣物，把它们送给邻居中年幼的小朋友。

等孩子们初中、高中以后，可以鼓励孩子和全家一起把对社会、对他人的服务，列到自己的生活计划之中。比如可以请孩子调查是否有可行的社会服务活动，如果有，让孩子制订社会服务计划并执行。

常见的服务活动包括捐赠钱财或者衣物用品给贫困地区。特别是在节日期间，富裕一点的家庭都会去认领一些捐赠礼物清单，我们会带着孩子一起去采购清单上面的衣服鞋帽，装在礼品盒子里，送到有需要的家庭去，让孩子们体会帮助别人的喜悦。

每年在家庭成员过生日的时候，我们都会去一个为贫穷国家的孩子提供食物的机构（名叫"喂饱我们饥饿的儿童"）做义工。在做义工的过程中，孩子5岁时就可以学着把大米或者蔬菜干舀进食品袋，上学后可以负责装一袋一袋的食物、给食物称重和封箱打包等一系列的工作。

每年生日用做义工的形式来庆祝，已经成了我们家的传统。

高中的孩子还可以在学校里为低年级的学弟学妹补习功课。无论是什么形式的义工，重要的是持之以恒地坚持下去，甚至延续到自己以后的家庭。

感恩教育，从小做起，从点滴小事做起。家长是孩子学习的第一榜样，也是孩子最好的老师。家长应该对孩子进行即时场景教育，把感恩变成一种习惯。

比如，当小朋友收到小伙伴送的生日礼物时，我要求孩子要看着对方的眼睛，微笑，给对方一个拥抱，说："谢谢你的礼物！"如果正好是孩子心仪的礼物，可以说："这是我一直想要的礼物呢，非常感谢，我会好好珍惜。"如果不那么喜欢礼物，也要真诚地说："谢谢你记得我的生日，送礼物给我。"

当客人到家里来做客，不论是大人的朋友还是孩子的伙伴，客人要走的时候，我要求孩子必须放下手里正在玩的东西，把客人送到门口，说："很高兴您（你）能来我家，谢谢，下次再来玩。"

每天吃饭前，我家都有一个小小的祷告仪式，告诉孩子一茶一饭来之不易，教孩子感恩有丰盛的食物，感谢家长的精心准备。

睡前我会让孩子说出自己感恩的五件事，而且不能每天重复同样的内容，启发孩子对身边的人和事心怀感恩。孩子有时会说："我感恩有这个家，有爸爸、妈妈、哥哥和玩具。"有时会说："感恩没有雾霾的空气、洁净的水、舒适的车子、美好的食物和好朋友。"

另外，你要随时向孩子传达来自他人的善意。比如我抱着孩子去运动中心，先进门的人特意给我们撑着门等我们进来再把门带上，我除了表示感谢，还会给孩子指出对方为我们考虑的善意，教孩子以后也为后面进来的人撑着门。

有一次我们到语言不通的国家去旅游，发现一个咖啡店的洗手间需要密码才能进去，这时一个店员马上把密码打印出来递给我们，并把我们带到洗手间，这时我也向孩子们讲述了店员的善意之举。家长时时这样做，孩子们从小就会有感受他人善意的能力，也会更感恩。

如果孩子能有一颗感恩之心，又能表达自己的感恩之情，并且把感恩的行动传递下去，他们在社会上将更加受欢迎。

以上我用7章的内容和你分享了如何培养孩子

的社交能力。这里我再做个梳理：孩子受欢迎的基础是内在的人格独立；不论性格内向还是外向的孩子，都可以通过传球游戏、赞美游戏、邀请小朋友来家里玩，来激发他们的社交主动性，掌握得体社交的能力；当孩子在社交活动中以自我为中心时，可以通过一些日常练习来帮助他们打开自我，更好地融入周围的环境；从小培养孩子的感恩之心，教会孩子表达感谢的方法。

这样，他们无论是和同龄人交往，还是和成年人打交道，就都可以放松、自如、真诚、友善，成为受周围人欢迎的男孩或者女孩。

希望看完这本书，无论自身性格内向还是外向的家长，都可以扬长避短，用言传身教来给孩子施加正面的影响。

只要你愿意积极参与到孩子的成长中，给他们创造一个充满爱的安全空间，让孩子看到你的真诚和变化，他们就会愿意和你一样，做最好的自己。

祝你成功！